Dear Eve, 19.III.10

GW01607987

Come back, soon.

David

Roger

Malcolm

Hear, hear! [illegible] Davies

Best Regards

Robert HB

ESU Argentina

Margarita [illegible]

Argentina

tierra de contrastes
a land of contrasts

FOTOGRAFÍAS PHOTOGRAPHS:
FLORIAN VON DER FECHT

TEXTOS TEXTS:
JUAN PABLO BALIÑA

Del Nuevo Extremo

Argentina

La Argentina se brinda a nuestros ojos en cada rayo de luz. Una misma geografía abraza el silencio del desierto y el rumor de la ciudad, cobija la distancia de la llanura, el calor de la selva y el viento de la codillera.

A orillas del mar dulce, el Río de la Plata empapa de arte cada esquina porteña; monumentos, museos, bibliotecas y parques. Anchas avenidas y angostos pasajes descubren los colores de La Boca, cuentan la historia en barcos de Puerto Madero y a un solo vistazo acuden cúpulas y torres. En sus albores, la ciudad abrió los brazos a los inmigrantes y de allí brotó un crisol que hoy se conmueve en el tango.

Tierra adentro se llega a la pampa, mar de pasturas y país de las estancias. Melancólica llanura del pasado; tranqueras, molinos, galpones y tanques, piezas oxidadas que pueblan su verde soledad. Arraigado en esa tierra

Argentina offers herself as a gift to our eyes in each ray of light. One geography embraces the silence of the desert and the rumour of the city; it is home to the distance of the plains, the warmth of the rainforest and the wind of the mountain range.

The fresh-water sea–the Río de la Plata–bathes with art every *porteña* city corner, every monument, museum, library and park. Wide avenues and narrow streets discover the colours of La Boca and recall the history in boats anchored at Puerto Madero while one glance summons domes and towers. In her dawn, the city opened her arms to immigrants, creating a melting pot still stirred by the sound of the *tango*.

Travelling inland we reach the *pampa*, a sea of pastures and the country of *estancias*. Melancholic plains from the past; wooden farm gates, windmills, sheds and water tanks,

recorre el gaucho los campos; jinete sereno y corajudo, verdadero culto a la libertad sin más adorno que la tierra que pisa. En el corazón del país, remontando la llanura hacia las sierras, Córdoba espera repiqueteando en sus campanas una antigua herencia jesuítica.

Litoral, selvática región de los ríos Uruguay y Paraná por donde se desbarrancan las Cataratas del Iguazú, "agua grande", en lengua nativa. Tierra rojiza, exagerada, de anchos árboles que se nutren de raíz guaraní, florecen en palmares y se bañan en un cielo de lagunas con nubes de islas llamado Esteros del Iberá. Monte virgen, suelo del chamamé, danza que brota desde adentro como un rezo que arrastra el río, liturgia de acordeonas que hace vibrar el corazón de la paisanada y estalla gritando en un Sapukay. Desde el Norte se levanta una geografía ancestral, multicolor, sembrada de capillas que como altares adornan la hondura de las quebradas. Allí duerme La Puna, ancha senda de la vicuña, planicie de soledad y amparo del tiempo viejo. Refugio de la Pachamama, antiguo ritual de adoración a la tierra, madre de los campesinos. En los Valles Calchaquíes el norte abriga su entraña más profunda y los colores van cambiando a cada paso; gris, azul, morado, violeta y naranja en un camino polvoriento de artesanos, donde la tierra y la piel se confunden, hermanando la sangre nativa y su herencia hispánica.

Por acequias desciende el agua de deshielo regando la región de Cuyo. Fincas y bodegas afloran en la ruta del vino; un sendero de álamos, sauces y parrales donde el aroma de la tierra se puede beber con la mirada. Más allá, en el corazón de la cordillera se levanta el Cerro

rusty pieces that populate its green loneliness. Rooted in that land, the *gaucho* goes through the fields–a quiet and courageous rider, a true tribute to freedom with no more adornment than the land under his feet. In the heart of the country, where the plains swell toward the mountains, Córdoba awaits, and an old Jesuitic legacy rings in its bells.

The Littoral region, the jungle setting of the Uruguay and Paraná rivers, where the Iguazú–'big water' in native tongue–falls over the cliffs into a myriad rainbows. Reddish soil, an exaggerated land where stout trees nurtured by Guaraní roots blossom in palm groves and bathe in that sky of ponds with clouds of isles which is called the Iberá Wetlands. A virgin forest, the land of the *chamamé*–a dance that wells up inside and springs up like a prayer drawn out and away by the river, a liturgy of accordions that strums the hearts of the *paisanos* and bursts out in a *sapukai* cry.

In its high abode in the North, an ancestral geography rises with its many colours and its chapels which, as altars, embellish the depth of its ravines. It guards the sleep of the Puna, the wide road of the vicuña, the plain land of solitude and the shelter of old time. This is where the ancient ritual of adoration of Pachamama, the peasants' Mother Earth, finds its refuge. In the Calchaquí Valleys, the North guards its deepest entrails, whose hues shift at each step: grey, blue, purple, violet and orange in a dusty road of crafts people, where soil and skin seem one and the same, blending native blood and Hispanic legacy together.

Down the ditches, meltwater rushes to irrigate the Cuyo region. Farms and wineries bloom on the route of wine; a poplar-lined path amidst willows and vineyards where the aroma of the soil can be tasted in one look. Further away, in the heart of the mountain range and surrounded

Aconcagua, techo de América y centinela de las nubes. Hacia el rumbo de un desierto color ladrillo el Valle de la Luna atesora en la piedra la voz callada de los siglos, achaparrada por el viento zonda, persistente soplo que en las tardes abrasa los campos y sólo Talampaya detiene. Por entre valles y cañadones va La Patagonia buscando el mar, en el extremo austral del continente. Hacia el sur, cada primavera peregrinan hasta Península de Valdés las ballenas; llegan desde lugares remotos buscando aguas poco profundas para aparearse bajo la protección de altos acantilados.

No lejos de allí, surca la Patagonia la ruta 40, infinito camino que traspasa el país a la sombra de la cordillera. Fue la Patagonia, fantasmal y misteriosa, la que atrajo a viajeros de todas las latitudes con sus leyendas. Uno de ellos, Francisco P. Moreno, recorrió minuciosamente el suelo austral, acumulando a su paso riquezas de soles y lunas, que le valieron el respeto de cristianos y tehuelches. Otro gran explorador fue Charles Darwin, que atravesó La Patagonia a caballo recogiendo fósiles por las costas y descifrando las señales de los años en la geografía, observaciones que sustentarían más tarde los principios de su teoría de la evolución. Anclada en el tiempo glacial una inmensa pared congelada aún persiste; el glaciar Perito Moreno. La paciencia del agua va calando el hielo por años hasta formar un túnel gigante que, de manera impredecible, produce un estruendoso desmoronamiento. Al sur del sur, en la isla de Tierra del Fuego, se esconde Ushuaia, la población más austral del mundo, destino de ineludibles naufragios y puerta de entrada a la Antártida.

by its flock of clouds, Mount Aconcagua watches over the Americas. Travelling toward a brick-red desert we reach the Moon Valley, where the rock echoes the silent voice of the centuries; a voice kept short by the *zonda* wind, whose persistent blow burns the fields in the afternoons and only finds a stop in Talampaya.

Through valleys and gorges, Patagonia seeks the sea in the southern end of the continent. Every spring, the Valdés Peninsula welcomes the whales that come from remote parts on a pilgrimage to the south in search of shallow waters where they can mate under the protection of towering cliffs.

Not far, Patagonia is crossed by Route 40, an endless road that runs through the country in the shade of the Andes. It was Patagonia, ghostly and mysterious, that attracted with its legends travellers from all latitudes. One of these, Francisco P. Moreno, travelled deep into the southern land, paying attention to every detail, treasuring the riches of suns and moons, which earned him the respect of both Christians and Tehuelches. Another great explorer was Charles Darwin, who travelled through Patagonia on horseback, collecting fossils along the shores and deciphering the signs of the ages in the geography; such observations would sustain the principles of his theory of evolution. Anchored in a glacial age, a colossal frozen wall still persists–the Perito Moreno Glacier. For years and years, water's patience carves a tunnel into the ice until, with a sudden, thundering crash, an enormous block breaks off the glacier and tumbles down to the water. At the southern tip of the south, on the island of Tierra del Fuego lies Ushuaia, the southernmost city in the world, the destination of unavoidable shipwrecks and the entrance door to Antarctica.

CADA REGIÓN TIENE UN ACENTO DIFERENTE, CADA CUAL DANZA CON UN BAILE PROPIO. SIN EMBARGO TODAS HABLAN UN MISMO LENGUAJE, SILBAN UNA MISMA MÚSICA. LA ARGENTINA ES UN PONCHO TEJIDO CON MILES DE HILOS PERO TRENZADOS EN UNA SOLA PIEZA, INSEPARABLE, IRREPETIBLE. LAS IMÁGENES SON MUCHAS PERO EL PAÍS UNO SÓLO. DE MANO EN MANO, EL MATE UNE A TODAS; ARGENTINA ES UN PAÍS QUE ABRAZA UNA GEOGRAFÍA DIVERSA, Y ESTE LIBRO UNA MIRADA QUE ABRAZA A UN PAÍS.

tierra de contrastes
a land of contrasts

EVERY REGION HAS ITS OWN ACCENT; EACH DANCES TO ITS OWN RHYTHM. AND STILL, THEY ALL SPEAK THE SAME LANGUAGE; THEY ALL WHISTLE THE SAME TUNE. ARGENTINA IS A *PONCHO* WOVEN WITH THOUSANDS OF THREADS INTERTWINED IN ONE CLOSE-KNIT, UNIQUE PIECE OF WORK. THE IMAGES ARE PLENTY BUT THE COUNTRY IS ONE. GOING FROM HAND TO HAND, *MATE* BRINGS THEM ALL TOGETHER. ARGENTINA IS A COUNTRY THAT EMBRACES A DIVERSE GEOGRAPHY AND THIS BOOK, A LOOK THAT EMBRACES A COUNTRY.

PARRILLA
ARGENTINA
150 AÑOS
BAR
108

Centro

THE CENTRE

Córdoba

Buenos Aires

issue

GALENO
DESEMBARCO Y LAVANDERAS

LICA DE LA BOCA
JUGADOR Nº12 PTE.
DESDE EL CIELO TE VOY A

MURGA
DE LOS
XENEIZES

LO DE ZOILO
MUEBLES Y ARTE CAMPESTRE
LO DE ZOILO
MUEBLES
ARTE CAMPESTRE
LO DE ZOILO
MUEBLES Y
ARTE CAMPESTRE

CASA DE
TANGO
Adrián Clara/96.

MI
BUENOS AIRES
QUERIDO
Adrián Clara/96.

MI
BUENOS AIRES
QUERIDO

BAR
BUENOS
AIRES

BIENVENIDOS

TANGO
BAR

El Viejo
ALMACEN

C04

L. Beltrami - Genova

ADELANTE
AUTOMOVIL CLUB ARGENTINO

Litoral

LITTORAL REGION

Entre Ríos

Santa Fe

Corrientes

Misiones

Chaco

Formosa

COLON 623
CLON 623

ANA CLARA

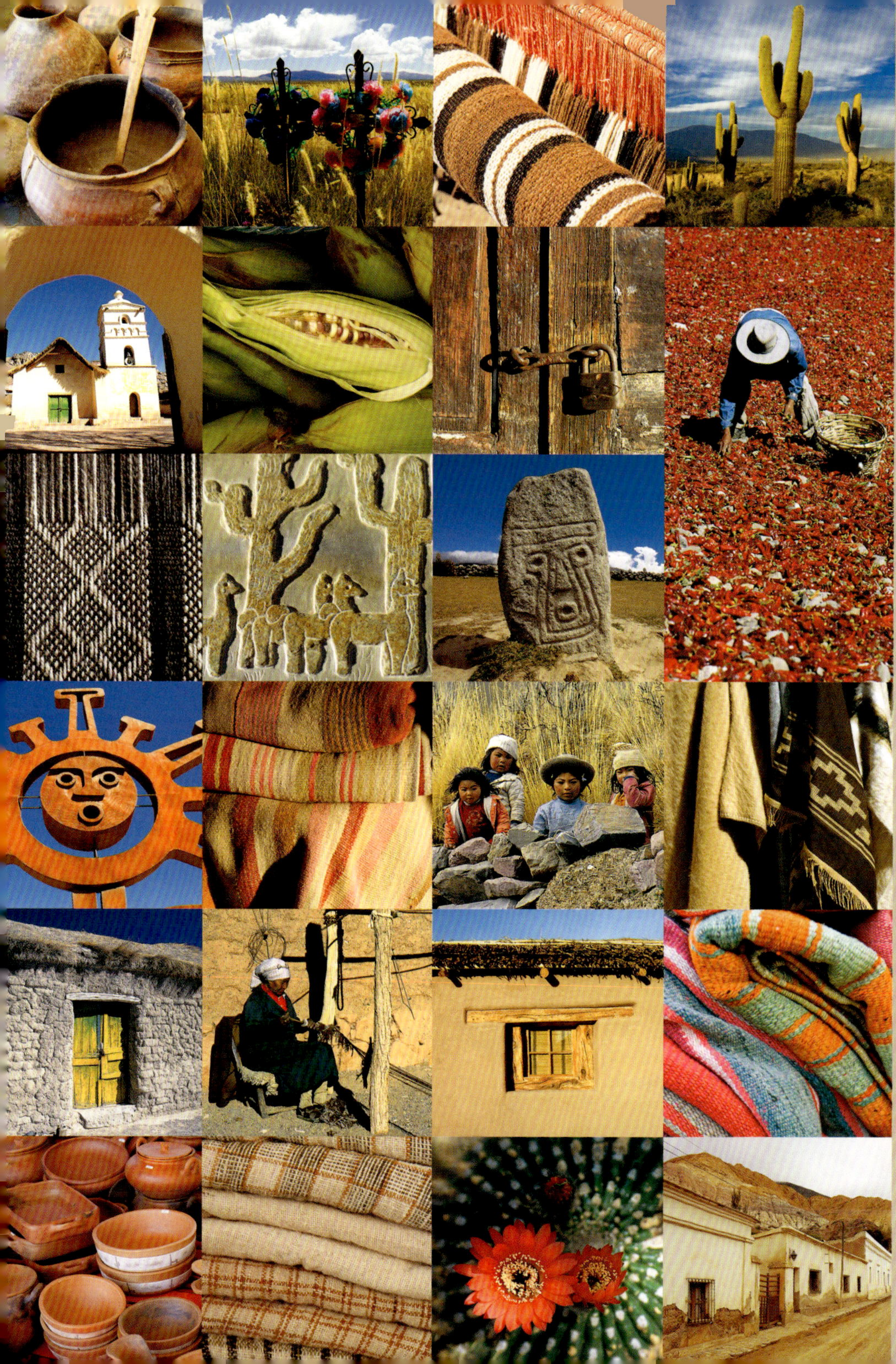

Norte

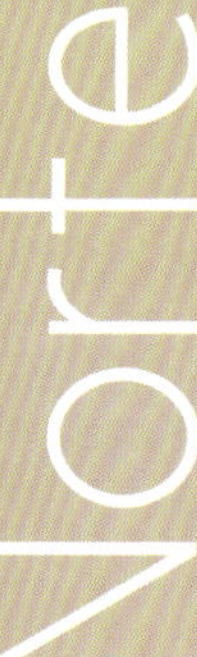

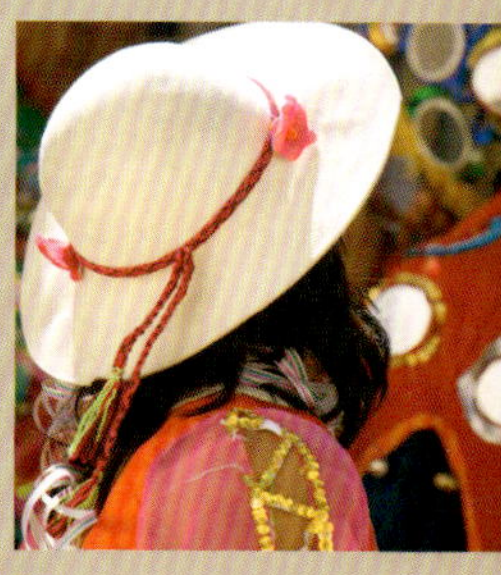

THE NORTH

Salta

Jujuy

Catamarca

Santiago del Estero

Tucumán

REGIONALES
PAN-CASERO
Empanadas
Humitas
Tamales
Tallarines
Locro
Helados
Golosinas
Bebidas
Tarjetas Tel.

Bandas

ARGENTINA
PARQUE
NACIONAL
TALAMPAYA
PATRIMONIO DE LA HUMANIDAD

Cuyo

CUYO

La Rioja

San Juan

Mendoza

San Luis

EL TOTEM
LA TORRE

83
H63
H62

SAJO
546
M110998

Patagonia

PATAGONIA

La Pampa
Neuquén
Río Negro
Chubut
Santa Cruz
Tierra del Fuego

OPERATIVO INVERNAL
CODI - CONEVIAL
UTE MALLA 133
0800 - 222-5575

Avenida 9 de Julio, Obelisco,
Ciudad Autónoma de Buenos Aires.
9 de Julio Avenue, Obelisk,
Autonomous City of Buenos Aires.

Puerto Madero,
Ciudad Autónoma de Buenos Aires.
Puerto Madero,
Autonomous City of Buenos Aires.

Puerto Madero,
Ciudad Autónoma de Buenos Aires.
Puerto Madero,
Autonomous City of Buenos Aires.

izq: Diagonal Norte, C. A. de Buenos Aires.
der: Palacio Barolo, C. A. de Buenos Aires.
left: Diagonal Norte St., Buenos Aires City.
right: Barolo Palace, Buenos Aires City.

izq: Tribuna del Club Atlético Boca Juniors.
der: Tribuna del Club Atlético River Plate.
left: Club Atlético Boca Juniors's grandstand.
right: Club Atlético River Plate's grandstand.

La Boca, Caminito,
Ciudad Autónoma de Buenos Aires.
La Boca, Caminito,
Autonomous City of Buenos Aires.

Fileteados porteños,
Ciudad Autónoma de Buenos Aires.
'Fileteado', Porteño ornamental art,
Autonomous City of Buenos Aires.

Tango en El Viejo Almacén,
Ciudad Autónoma de Buenos Aires.
Tango at El Viejo Almacén,
Autonomous City of Buenos Aires.

Mercado de San Telmo,
Ciudad Autónoma de Buenos Aires.
San Telmo Market,
Autonomous City of Buenos Aires.

Lancha colectiva, Delta del Río Paraná,
Buenos Aires.
Motorboat bus, Paraná River Delta,
Buenos Aires.

Basílica Nacional Nuestra Señora de Luján,
Buenos Aires.
National Bassilica Our Lady of Luján,
Buenos Aires.

Playas de Miramar, Buenos Aires.
Miramar beaches, Buenos Aires.

Coronel Pringles, Buenos Aires.
Coronel Pringles, Buenos Aires.

San Antonio de Areco, Buenos Aires.
San Antonio de Areco, Buenos Aires.

Vestimenta gauchesca, Buenos Aires.
Gaucho clothing, Buenos Aires.

izq: Estancia Jesuítica Santa Catalina, Córdoba.
der: Estancia Jesuítica de Jesús María, Córdoba.
left: Jesuitic Estancia Santa Catalina, Córdoba.
right: Jesuitic Estancia of Jesús María, Córdoba.

Laguna Limpia, Chaco.
Limpia Lagoon, Chaco.

Río Bermejo, Formosa y Chaco.
Bermejo River, Formosa and Chaco.

Río Paraná, Chaco y Corrientes.
Paraná River, Chaco and Corrientes.

izq: Caminos Misioneros.
der: Plantaciones de té, Corrientes.
left: Roads in Misiones.
right: Tea plantations, Corrientes.

Ruinas Jesuíticas de San Ignacio Miní, Misiones.
Ruins of the Jesuitic Mission of San Ignacio Miní, Misiones.

Cataratas del Iguazú, Misiones.
Iguazú Falls, Misiones.

Cataratas del Iguazú, Misiones.
Iguazú Falls, Misiones.

izq: Fauna autóctona, Misiones y Corrientes.
der: Flor del irupé, Chaco.
left: Native fauna, Misiones and Corrientes.
right: Flower of irupé, Chaco.

Flora y fauna de los Esteros del Iberá, Corrientes.
Flora and fauna of the Iberá Wetlands, Corrientes.

Arroyo Los Amores, Santa Fe.
Los Amores Stream, Santa Fe.

Ciudad de Colón, Río Uruguay, Entre Ríos.
Colón City, Uruguay River, Entre Ríos.

Salinas Grandes, Jujuy.
Grandes Salt Flat, Jujuy.

Purmamarca, Quebrada de Humahuaca, Jujuy.
Purmamarca, Quebrada de Humahuaca, Jujuy.

Purmamarca, Quebrada de Humahuaca, Jujuy.
Purmamarca, Quebrada de Humahuaca, Jujuy.

Iglesias y capillas de Jujuy y Salta.
Churches and chapels in Jujuy and Salta.

izq: Iglesia de Iruya, Salta.
der: Iglesia de Tumbaya, Jujuy.
left: Church of Iruya, Salta.
right: Church of Tumbaya, Jujuy.

Festejos populares. Carnaval y procesión de la Virgen en Salta y Jujuy.
Village festivals. Carnival and Procession of the Virgin in Salta and Jujuy.

Abra Pampa, Jujuy.
Abra Pampa, jujuy.

Vicuñas, Laguna de Pozuelos, Jujuy.
Vicunas, Pozuelos Lagoon, Jujuy.

Parque Nacional Los Cardones, Salta.
Los Cardones National Park, Salta.

Cuesta del Obispo, Salta.
Obispo Pass, Salta.

Secadero de pimentón,
Valles Calchaquíes, Salta.
Paprika open-sun drying,
Calchaquí Valleys, Salta.

izq: Cementerio, Quebrada del Toro, Salta.
der: Cementerios, Valles Calchaquíes, Salta.
left: Cemetery, Del Toro Canyon, Salta.
right: Cemeteries, Calchaquí Valleys, Salta.

Ruinas indígenas de Quilmes, Tucumán.
Indigenous Ruins of the Quilmes, Tucumán.

Teleras de Catamarca, Jujuy y Salta.
Weavers in Catamarca, Jujuy and Salta.

Ruta 34, Argentina, Santiago del Estero.
Route 34, Argentina, Santiago del Estero.

Reserva Provincial Laguna Brava, La Rioja.
Laguna Brava Province Reserve, La Rioja.

Parque Nacional Talampaya, La Rioja.
Talampaya National Park, La Rioja.

Parque Nacional Talampaya, La Rioja.
Talampaya National Park, La Rioja.

Ischigualasto, Valle de la Luna, San Juan.
Ischigualasto, Moon Valley, San Juan.

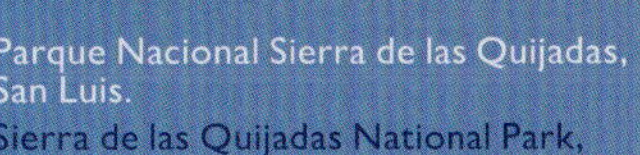

Parque Nacional Sierra de las Quijadas,
San Luis.
Sierra de las Quijadas National Park,
San Luis.

Viñedo, Cordón del Plata, Mendoza.
Vineyard, Del Plata Mountain Range, Mendoza.

Bodegas y viñedos, Mendoza.
Wineries and vineyards, Mendoza.

Puente del Inca, Mendoza.
"The Inca's Bridge", Mendoza.

Cerro Aconcagua,
Parque Provincial Aconcagua, Mendoza.
Mount Aconcagua,
Aconcagua Province Park, Mendoza.

Volcán Maipo, Mendoza.
Maipo Volcano, Mendoza.

Los Reyunos, Mendoza.
Los Reyunos, Mendoza.

Salina Colorada Grande, La Pampa.
Colorada Grande Salt Flat, La Pampa.

Añelo, Río Neuquén, Neuquén.
Añelo, Neuquén River, Neuquén.

Cultivos, Alto Valle del Río Negro, Río Negro.
Produce, Alto Valle del Río Negro, Río Negro.

Fajas mapuches.
Belts, Mapuche weavings.

Valle del Río Azul, Chubut.
Azul River's Valley, Chubut.

Actividades turísticas en la Patagonia.
Tourism in Patagonia.

Villa Llao-Llao, Bariloche, Río Negro.
Villa Llao-Llao, Bariloche, Río Negro.

Volcán Lanín, Neuquén.
Lanín Volcano, Neuquén.

Fauna autóctona de la patagonia.
Native fauna of Patagonia.

Glaciar Perito Moreno, Santa Cruz.
Perito Moreno Glacier, Santa Cruz.

Glaciar Perito Moreno, Santa Cruz.
Perito Moreno Glacier, Santa Cruz.

izq: Caverna de hielo, Santa Cruz.
der: Glaciar Perito Moreno, Santa Cruz.
left: Ice cavern, Santa Cruz.
right: Perito Moreno Glacier, Santa Cruz.

Cerro Torre y Monte Fitz Roy, Santa Cruz.
Mount Torre and Mount Fitz Roy, Santa Cruz.

izq: Esquila, Tierra del Fuego.
der: Estancia Río Cullen, Tierra del Fuego.
left: Shearing, Tierra del Fuego.
right: Estancia, Cullen River, Tierra del Fuego.

Naufragios, Tierra del Fuego.
Shipwrecks, Tierra del Fuego.

Ushuaia, Canal Beagle, Tierra del Fuego.
Ushuaia, Beagle Channel, Tierra del Fuego.

FLORIAN VON DER FECHT nace en Buenos Aires en 1961. Estudia fotografía con Pedro L. Raota. En 1987, después de trabajar varios años en el área de la fotografía publicitaria, viaja a Alemania. Allí continúa su aprendizaje con distintos fotógrafos. A partir de 1988 comienza su actividad independiente, instalando en Buenos Aires un estudio de fotografía y diseño (Photo Design). Además posee un completo banco de imágenes de Argentina, utilizado anualmente para libros, calendarios y postales. | **www.florian.com.ar**

FLORIAN VON DER FECHT was born in 1961. He studied photography with Pedro L. Raota. In 1987, after working for several years in advertising photography, he travelled to Germany continuing his studies with different photographers. His independent activity dates as from 1988, when he installs his own studio in photography and design called Photo Design, in Buenos Aires. Besides, he owns a complete image bank of Argentina, anually used for publishing books, calendars and postcards. | **www.florian.com.ar**

COORDINACIÓN EDITORIAL . EDITORIAL COORDINATION:

Ana Victoria Vergeli

FOTOGRAFÍAS . PHOTOGRAPHS:

Florian von der Fecht

DISEÑO Y PRODUCCIÓN GRÁFICA . PRODUCTION AND GRAPHIC DESIGN:

Photo Design

TEXTOS . TEXTS:

Juan Pablo Baliña

TRADUCCIÓN . TRANSLATION:

Ana Paula Morales

PRIMERA EDICIÓN . FIRST EDITION:

Toppan, China - Noviembre de 2009 . November, 2009.

EDITORES . PUBLISHERS:

Florian von der Fecht - Photo Design Ediciones - Avenida Maipú 1335 16° C - (B1638ABA) - Vte. López - Buenos Aires - Argentina
Tel.Fax: (+54 11) 4797-3581 - florian@fibertel.com.ar
www.florian.com.ar

Del Nuevo Extremo - Grupo Editorial - A.J.Carranza 1852 (C1414COV) - Ciudad Autónoma de Buenos Aires - Argentina
Tel.Fax: (+54 11) 4773-3228 - editorial@delnuevoextremo.com
www.delnuevoextremo.com

von der Fecht, Florian
Argentina : tierra de contrastes. / Florian von der Fecht y Juan Pablo Baliña. - 1ª ed. - Vicente López : Photo Design ; Buenos Aires: Del Nuevo Extremo, 2009.
160 p. : il. ; 21x21 cm.

Edición bilingüe (inglés, español)
ISBN 978-987-25309-0-7

1. Turismo. I. Baliña, Juan Pablo II.Título
CDD 338.479 1

AGRADECIMIENTOS . ACKNOWLEDGMENTS:

Agradecemos a Luciana Braini por el diseño de este libro.

Agradecemos a La Página Millonaria (www.riverplate.com) y a la Agrupación Caravana Monumental (www.caravanamonumental.com.ar) por su colaboración y autorización para la publicación de la foto "Magia Monumental" del Estadio River Plate | página 17 de este libro.

Agradecemos a Adrián Clara por el permiso otorgado para utilizar las fotos de sus trabajos de fileteado | página 21 de este libro.